# POR QUÉ

# HACER LOS QUEHACERES

## ROSE PEMBERTON

### TRADUCIDO POR ESTHER SARFATTI

**PowerKiDS** press

New York

Published in 2019 by The Rosen Publishing Group, Inc.
29 East 21st Street, New York, NY 10010

First Edition

Translator: Esther Sarfatti
Editorial Director, Spanish: Nathalie Beullens-Maoui
Editor, Spanish: Natzi Vilchis
Editor, English: Jennifer Lombardo
Book Design: Tanya Dellaccio

Photo Credits: Cover Sergey Novikov/Shutterstock.com; p. 5 Africa Studio/Shutterstock.com; p. 7 Iakov Filimonov/Shutterstock.com; p. 9 LightField Studios/Shutterstock.com; p. 11 KidStock/Blend Images/Getty Images; p. 13 Steve Lyne/Dorling Kindersley/Getty Images; p. 15 Comstock/Stockbyte/Getty Images; p. 17 PR Image Factory/Shutterstock.com; p. 19 bbernard/Shutterstock.com; p. 21 Zurijeta/Shutterstock.com; p. 22 4 PM production/Shutterstock.com.

Cataloging-in-Publication Data

Names: Pemberton, Rose.
Title: Por qué hacer los quehaceres / Rose Pemberton.
Description: New York : PowerKids Press, 2019. | Series: Por el bien común | Includes index.
Identifiers: LCCN ISBN 9781538335420 (pbk.) | ISBN 9781538335413 (library bound) | ISBN 9781538335437 (6 pack)
Subjects: LCSH: Helping behavior–Juvenile literature. | Chores–Juvenile literature. | Housekeeping–Juvenile literature.
Classification: LCC HM1106.P46 2019 | DDC 302'.14–dc23

Manufactured in the United States of America

CPSIA Compliance Information: Batch #CS18PK: For Further Information contact Rosen Publishing, New York, New York at 1-800-237-9932

# CONTENIDO

## La familia es una comunidad

Existen familias de todo los tipos y tamaños; cada familia es una comunidad. Se llama *comunidad* a un grupo de personas que viven o trabajan en el mismo lugar y se preocupan por las mismas cosas. Las escuelas y los barrios también son comunidades. Para la mayoría de los niños, su familia es la primera comunidad a la que pertenecen y la más importante.

Cuando la gente hace cosas que **benefician** a toda la comunidad, están trabajando por el bien común. La mayoría de la gente quiere lo mejor para los miembros de su familia, y por eso hace cosas que son buenas para ellos. Una forma de contribuir, o dar algo, al bien común de tu familia es hacer los quehaceres.

# Ayudar a tu familia

A menudo, las familias están muy ocupadas. Algunos padres trabajan fuera de casa y los niños tienen que ir a la escuela. Además, muchos niños tienen tareas y **actividades** extraescolares. Si todos los miembros de la familia hacen algunos quehaceres cuando tienen tiempo, el trabajo de la casa estará mejor repartido. Cuando haces los quehaceres, ayudas a tu familia a ser feliz y a funcionar sin problemas.

Hacer los quehaceres te enseña a ser **responsable** y demuestra a los miembros de tu familia que ellos te importan. También, mantener tu hogar y tus **pertenencias** en buen estado es una forma de demostrar tu interés. Cuando haces los quehaceres, aprendes destrezas importantes, como lavar la ropa, que te ayudarán en la vida diaria. Si tienes hermanos más pequeños, serás un buen ejemplo para ellos.

# Todo tipo de quehaceres

El tipo de quehaceres que se te encarga depende de tu edad y de las necesidades de tu familia. Tal vez tengas que poner los platos sucios en el lavaplatos o lavarlos a mano. Aunque los niños más pequeños a menudo tienen quehaceres más sencillos, como dar de comer a una mascota, también contribuyen al bien de la familia.

Hay quehaceres que deben hacerse a diario, como hacer tu cama o recoger tus juguetes. Otros quehaceres, como sacar la basura, se hacen con menos **frecuencia**. Algunos deben hacerse en cuanto tus padres te los pidan, mientras que otros pueden esperar a cuando tengas tiempo libre. Se hagan cuando se hagan, los quehaceres ayudan a mantener tu hogar limpio y a tu familia contenta.

# Trabajo en común

Las familias son comunidades, pero también podemos pensar en ellas como equipos. Los miembros de una familia trabajan en equipo constantemente. Los quehaceres te enseñan a trabajar con los demás. También aprenderás a planear el uso de tu tiempo libre. Si tienes entrenamiento de baloncesto, tareas escolares y quehaceres, ¿qué debes hacer primero?

17

Al trabajar como un equipo, tu familia puede hacer todos los quehaceres más rápido. Así, todos tendrán más tiempo para hacer otras cosas en familia: tal vez vean juntos una película o vayan al parque. Siempre es bueno que los miembros de una familia tengan más tiempo para pasarlo juntos.

## Por el bien de todos

Tal vez no siempre tengas ganas de hacer los quehaceres, pero recuerda que son una ayuda importante para los miembros de tu familia. Te sentirás bien al saber que estás contribuyendo al bien común de tu familia. Si alguna vez te aburres, piensa en algún quehacer fácil que puedas hacer. Tu familia te lo **agradecerá**.

Es importante que las personas hagan los quehaceres, aunque no siempre sean divertidos. A nadie le gusta vivir en una casa sucia o llevar ropa sin lavar. Además, hacer los quehaceres te enseña responsabilidad y respeto, y demuestra a los demás miembros de tu familia que ellos te importan. Todos se benefician cuando se hacen los quehaceres.

# GLOSARIO

**actividad:** algo que hace alguien.

**agradecer:** dar las gracias por algo.

**beneficiar:** hacer algo bueno para alguien o algo.

**frecuencia:** cantidad de veces que se hace una cosa.

**pertenencias:** cosas que son de una persona.

**responsabie:** persona que hace lo correcto o hace las cosas que se esperan de ella.

# ÍNDICE

# SITIOS DE INTERNET

Debido a la naturaleza cambiante de los enlaces de internet, PowerKids Press ha elaborado una lista de sitios web relacionados con el tema de este libro. Este sitio se actualiza de forma regular. Por favor, utiliza este enlace para acceder a la lista: www.powerkidslinks.com/comg/chores